DISCOURS
ADRESSÉ
PAR M. LE VICAIRE-GÉNÉRAL D'AMIENS,
RÉSIDANT A BEAUVAIS,
A MESSIEURS LES GARDES-DU-CORPS
DE LA COMPAGNIE DE NOAILLES,
COMMANDÉE PAR M. LE PRINCE DE POIX EN PERSONNE,
ET RÉUNIE
DANS L'ANCIENNE ÉGLISE CATHÉDRALE DE CETTE VILLE,
LE DIMANCHE 17 JUILLET 1814,

A l'occasion du *Te Deum* pour la Paix conclue par S. M. Louis XVIII. *

Non audietur ultra iniquitas in terrâ tuâ, vastitas et contritio in terminis tuis......... Complebuntur dies luctûs tui.

Ego Dominus in tempore ejus subito faciam istud.

« On n'entendra plus parler de violence dans votre territoire, ni de dévastation et de destruction d'une frontière à l'autre; les jours de vos larmes finiront..... »

« Je suis le Seigneur, et c'est moi qui ferai tout d'un coup ces merveilles lorsque le temps en sera venu. » (*Is. ch.* 60. ⅴ. 18. 20. 22.)

LES jours marqués dans les Conseils du Très-Haut se sont écoulés, MESSIEURS. L'heure de

---

* Monseigneur l'Évêque, dans son Mandement, ayant développé les avantages de la Paix, on s'est livré, dans ce Discours, à des idées plus générales, et qui embrassent l'ensemble des circonstances où nous nous trouvons.

ses miséricordieux desseins est venue, et cette longue oppression, qui nous avoit ôté jusqu'à l'espérance, a fait place en un moment au Gouvernement paternel qui nous laissa de si justes regrets, et qui pouvoit seul répondre aux désirs de nos cœurs.

Le Ciel nous a rendu notre Monarque légitime et son auguste Famille. Nos yeux ont vu le Roi entouré des Princes de son sang, et nous revoyons au milieu de nous les fidèles gardiens de la Majesté royale, les nobles défenseurs du Trône.

Quel heureux changement! quel prodigieux concours d'événements inattendus et inouis! quelle soudaine et éclatante manifestation de cette Providence qui, depuis tant d'années, sembloit s'être cachée dans des profondeurs impénétrables! Comme elle nous dédommage tout d'un coup de ses rigueurs! Quelle nouvelle destinée elle promet à la France! Pourrions-nous jamais assez bénir, assez glorifier la bonté divine pour ces insignes faveurs, trop peu méritées, et que nous ne devons qu'à son inépuisable miséricorde.

Parmi tant de grâces inestimables, il en est

une, Messieurs, qui les renferme toutes, c'est le retour d'un Roi aussi justement chéri qu'il fut ardemment désiré; d'un Roi doué de cette raison calme, de cette haute intelligence, de ce discernement sûr, de cette sérénité inaltérable que demande l'art de régner : qualités précieuses qu'il reçut de la nature, et auxquelles plus de vingt ans d'adversités, héroïquement soutenues, ont imprimé je ne sais quoi de majestueux et de sublime qu'on ne peut contempler sans respect ni sans attendrissement. Dans le malheur, Louis ne méconnut point ses droits; dans la prospérité, il n'y voit que des devoirs; il commande avec cet accent paternel qui rend l'obéissance facile, et pourtant il commande en maître; sa condescendance est toujours réfléchie, sa bonté n'est point foiblesse; il n'oublie point que celui qui porte le sceptre porte aussi le glaive; il ne sait pas se venger, mais il sauroit punir. La justice, principe essentiel de toute vertu, la justice, véritable bienfaisance des Rois, n'aura jamais à souffrir de sa clémence.

Le voilà, Messieurs, ce Roi, visiblement formé dans de longues épreuves, pour ces temps difficiles; sa tête est ceinte d'un diadême, symbole de sa puissance et de sa sollicitude. Le voilà ce Roi clément et pieux qui, fidèle image du Sauveur du monde, vient nous réconcilier avec nous-mêmes, cicatriser nos plaies, effacer nos torts, réparer nos malheurs. *Ecce Rex tuus venit tibi mansuetus.*

Bénissez votre sort, Messieurs, d'être appelés à veiller le jour et la nuit à la conservation de sa personne sacrée, et de pouvoir porter au sein de vos familles, et dans toutes nos provinces, les sentiments de respect et d'amour dont vous pénètre le spectacle habituel de ses royales vertus. Oui, vous communiquerez partout le zèle qui vous anime; vous raconterez les immenses travaux, les soins infatigables, la sagesse profonde de notre bien-aimé Monarque.

Vous rendrez hommage à l'amabilité toute française de son auguste frère qui fut son précurseur, et qui, entraînant tous les cœurs sur son passage, sema de fleurs le chemin de ce Trône héréditaire, illustre et déplorable monument d'immortelles vertus et d'inexprimables infortunes. Ah! si son amour pour la France, si sa fidélité pour le Roi, dont il est le premier sujet, n'avoient prévalu dans son ame sur ses douloureux et ineffaçables souvenirs, jamais l'attrait des grandeurs ou du pouvoir ne l'eût arraché à l'attrait d'une vie pieuse et ignorée.

Vous parlerez, Messieurs, de cette Princesse à laquelle rien ne peut se comparer, Ange de douleur et de réconciliation, qui semble appartenir au Ciel plus qu'à la terre; qui jamais ne mêla un murmure à ses pleurs, ni un reproche à ses bienfaits. Vous réunirez dans un même éloge son vaillant et vertueux époux, en qui nos contrées méridionales, charmées de sa gracieuse affabilité, ont cru voir revivre le plus chéri de ses aïeux.

Vous n'oublierez point le plus jeune de nos Princes qui, dès son enfance, exercé aux fatigues et aux hasards d'une vie guerrière, se plaît à relever le titre de Soldat en se le donnant à lui-même.

Espérons, Messieurs, que la Paix, qui fait en ce moment notre joie, fera long-temps encore notre bonheur; mais si un jour elle pouvoit être troublée, croyez que de tels Princes ne dégénéreroient point de cette longue suite de Héros qui illustrèrent d'âge en âge le sang des Bourbons. Avec quelle confiance ils se montreroient à la tête des nobles Légions qui veillent à la garde du Trône, toujours attentives, toujours prêtes à voler au premier signal. Qui pourroit résister à ces Princes, enfants de France, conduisant sous leur antique bannière ces précieux bataillons échappés à la mort où les précipitoit, par des efforts insensés, par des fautes sans nombre, un chef qui n'étoit pas François. De quoi ne seroient pas capables ces Soldats intrépides qui, jusque dans leurs défaites, si on peut donner ce nom à leurs revers, portoient encore un secret effroi dans l'ame des vainqueurs ?

Ne diminuons rien, Messieurs, d'une juste reconnoissance; mais aussi ne dérobons rien à la vérité. La générosité des Souverains alliés fut incontestablement magnanime, mais elle n'en fut pas moins réglée par les calculs bien réfléchis d'une habile et prudente politique.

Elevez vos pensées, Messieurs, jusqu'au trône du Roi des Rois. C'est de sa puissance incréée qu'émane toute puissance. Voyez sortir de ses conseils les décrets de justice ou de miséricorde qui, renversant les empires, les livrent à une entière destruction; ou bien qui, rassemblant tout-à-coup leurs débris, les relèvent et les affermissent plus que jamais sur leurs antiques fondements. Ce dernier prodige, si rare dans le cours ordinaire des vicissitudes humaines, s'est opéré pour nous avec des marques tellement frappantes de l'intervention du souverain Maître de l'univers, qu'ici l'incrédulité même cesse d'être incrédule. Éclairé d'une nouvelle lumière, saisi pour la première fois d'un religieux étonnement, le matérialiste, l'athée, confondu, désavoue le blasphème de son cœur, et il s'écrie avec l'humble disciple de la Foi : Oui, la droite du Tout-Puissant a fait ces grandes choses. *Dextera Domini fecit virtutem.*

Toutefois, Messieurs, nous bornerions-nous aux vaines acclamations d'une admiration stérile? Cette époque qui occupera une place si remarquable dans les annales du monde, cette époque signalée par une miraculeuse protection de Dieu envers la France, serait-elle déshonorée par une honteuse ingratitude de la France envers Dieu ? Prêtres, Guerriers, Magistrats, Citoyens de tous les rangs, ne chercherions-nous que des avantages terrestres et passagers dans ce magnifique développement des libéralités divines, dans les vues infiniment miséricordieuses du suprême Dispensateur de tout bien?

Non, Messieurs, nous ne serons pas semblables au peuple Juif, à ce Peuple grossier et charnel, pour qui furent toujours également infructueuses, dans l'ordre du salut, et les disgraces et les faveurs. Que le Roi d'Assyrie le charge de fers; que le Roi de Perse l'en délivre, il n'en reste pas moins courbé vers la terre. Un petit nombre de voix fait succéder aux gémissements de la captivité le Cantique de la délivrance : mais la multitude, ah! Messieurs, ses penchants la subjuguent, ses passions l'entraînent; l'avarice l'endurcit, la cupidité l'enflamme, l'ivresse des sens lui ôte le goût et jusqu'à la pensée des choses du Ciel. Dieu avec ses bienfaits est oublié, et, à travers tant de changements qui ne changent point le cœur de l'homme, le torrent des iniquités humaines précipite son cours. Heureux si je n'avais peint ici que l'aveuglement et l'insensibilité du peuple Juif, et si aucun des Chrétiens qui m'écoutent ne se reconnoissoit à ce tableau! Quoi qu'il en soit, Messieurs, la vertu n'est point un vain mot, la religion n'est point une chimère. Quel est l'homme qui n'a pas un Dieu à servir et une ame à sauver ?

L'élévation des sentiments, les nobles affections, la magnanimité, les actions héroïques sont, Messieurs, l'honorable partage de la profession des armes. Nulle disposition ne sauroit être plus conforme à cet esprit de dévoûment et de sacrifice, à ce perpétuel combat qui fait le vrai caractère du Christianisme. Loin de nous donc cette opinion injurieuse qu'on ne peut être en même-temps et Guerrier et Chrétien.

Ils eurent toujours intérêt à accréditer cette odieuse maxime, ces dévastateurs effrénés qui ne vouloient qu'asservir ou détruire. Ils bannirent de leurs armées tout signe religieux, tout culte, tout souvenir d'un Dieu vengeur, afin d'en bannir à-la-fois toute pudeur, toute humanité, toute justice. Dès-lors, en effet, aucune barrière ne s'oppose aux ambitieux projets d'un pouvoir formidable qui se joue de tout ce qu'il y a de révéré parmi les hommes. Trainant à sa suite le mensonge, la perfidie, la trahison, tous les moyens d'opprimer et de corrompre, le génie de la destruction, sous le nom d'héroïsme, ne connoît plus rien qui l'arrête. Les palais des Rois, la paisible demeure du laboureur, l'asile sacré d'un sexe timide, le sanctuaire même de la Divinité, sont indistinctement le théâtre de ses insultes, de ses fureurs. Rien n'est respecté!

Mais respectons-nous nous-même; respectons cette enceinte redoutable. Craignons de réveiller les alarmes et les douleurs de ces Intelligences pures, de ces Adorateurs invisibles que la Foi nous montre autour de nos tabernacles pleurant amèrement les profanations impies, les attentats sacriléges. Gardons-nous aussi de contrister des ames généreuses par des souvenirs affreux; laissons à des malfaiteurs obscurs et à leur véritable instigateur tout l'opprobre de ces excès monstrueux que désavouent, que détestent tant de braves Guerriers dont rien n'a flétri la gloire. Ces excès éternellement déplorables doivent cependant nous convaincre que la Religion, bien loin d'être impunément bannie d'une armée et sur-tout du cœur de ceux qui la commandent, y est d'autant plus nécessaire que son absence y produit de plus terribles, de plus funestes effets.

Lors même, Messieurs, qu'elle y est en honneur, et qu'à des heures réglées la dissipation et le tumulte y font place au recueillement de la prière, au touchant appareil des cérémonies saintes; alors même, nous l'avouons, la Religion ne triomphe pas toujours des emportements d'une jeunesse bouillante dont tout concourt à exciter, à égarer l'impétuosité naturelle. Non, la Religion, dans une armée, ne fait pas cesser tous les désordres, tous les scandales; mais combien n'en est-il pas qu'elle empêche, qu'elle prévient par ses secrètes impressions sur les cœurs? C'est là qu'elle attaque, qu'elle combat le vice; c'est là qu'elle affoiblit, qu'elle réprime les inclinations perverses au moment peut-être où elles eussent éclaté par les plus fougueux écarts de la licence.

Je rougirois, Messieurs, d'insister plus long-temps dans une Assemblée chrétienne sur une vérité hautement reconnue chez tous les Peuples civilisés et confirmée par l'exemple même de ces Peuples à demi-barbares chez qui quelques idées, quelques pratiques religieuses tiennent lieu de toute civilisation. Nous les avons vus, ces Guerriers presque sauvages des bords du Don et du Boristhène, déposer toute leur férocité au pied des autels: et nous n'avons pu nous défendre d'un profond sentiment de confusion et de douleur en songeant que notre Nation seule, parmi toutes les Nations de l'univers, n'avoit plus dans ses armées ni autel, ni Ministre sacré, ni aucun signe de religion et de culte.

Jours de vertige et de calamité où, pour mieux désoler la terre, tout commerce fut rompu avec le Ciel, jusques à quand verrons-nous subsister les traces humiliantes de votre irréligieux délire ?

Profitons enfin, Messieurs, des amères leçons d'une cruelle expérience. Après avoir reconnu, à ses ravages, cette fatale contagion du siècle, cette fausse philosophie qui enfanta tous nos maux, hâtons-nous de remonter vers des temps plus heureux et plus dignes de l'être : revenons aux saintes traditions de la Religion et de l'honneur, et resserrons chaque jour les nœuds étroits qui les unissent.

Tandis que les descendans de Saint Louis, miraculeusement rétablis sur son trône, nous rapportent la foi et la piété de ce saint Monarque, et vous aussi, Messieurs, faites revivre les vertus de vos ancêtres. Avec les foibles débris de votre antique patrimoine, vous serez assez riches, si vous recueillez en entier cette portion de leur héritage.

Ce n'est pas que, séduit par le prestige attaché à l'ancienneté des noms ou des temps, je prétende que les vertus de vos aïenx furent exemptes de tout mélange d'erreur et de foiblesse. Nul siècle n'a eu le privilége de ne payer aucun tribut à l'imperfection de notre nature : mais du moins les penchants de cette nature corrompue trouvoient un contre-poids dans les principes profondément gravés d'une éducation chrétienne ; mais du moins on ne calomnioit pas la Loi qu'on avoit le malheur d'enfreindre ; on ne blasphémoit pas le Dieu qu'on négligeoit de servir : mais, au milieu des orages des passions, on ne fermoit pas les yeux à cette lumière céleste qui nous en fait apercevoir les écueils, et qui nous montre la planche salutaire après le naufrage : on n'abandonnoit pas la Foi qui nous révèle toute notre destinée ; la Foi, don ineffable sans lequel la vie n'a plus d'objet, la mort plus de consolation : on étoit pécheur, en un mot, et on n'étoit pas impie.

J'en atteste ces fidèles et valeureux Chevaliers, tige glorieuse de ces anciennes races dont plus d'un rejeton fait l'ornement de cet Auditoire. Que ne puis-je les évoquer de leur tombe!

Que ne m'est-il donné de faire apparoître à vos regards l'élite de la Noblesse françoise le genou en terre, dans les plaines de Bouvines, invoquant avec ferveur la protection du Dieu des armées, recevant avec une pieuse simplicité la bénédiction de son Roi, et, transportée d'une ardeur religieuse et guerrière, se signalant par une victoire tellement disputée, tellement mémorable, que seule elle eût suffi pour rendre à jamais célèbre le règne de Philippe-Auguste.

Que j'aimerois à vous montrer de règne en règne, depuis le siècle de Charlemagne jusqu'au siècle de Louis-le-Grand, la bravoure et les vertus chrétiennes réunies dans des hommes que l'antiquité païenne se fut honorée de compter parmi ses héros et parmi ses sages.

Qu'il me seroit doux de vous peindre la foi vive, la naïve piété d'un Duguesclin, d'un Bayard, d'un Crillon, et de vous retracer les exemples éclatants d'un Condé, d'un Turenne, d'un Maréchal de Villars!

Blessé grièvement à la bataille de Malplaquet, ce Maréchal reçoit les derniers Sacremens; on veut les lui administrer en secret : *Non, non,* s'écrie-t-il; *puisque l'armée n'a pu voir Villars mourir en brave, il est bon qu'elle le voie mourir en Chrétien.*

Oui, Messieurs, vivre en sujet fidèle, combattre en héros, et mourir en Chrétien, telle étoit, dans les plus beaux jours de notre Monarchie, toute la philosophie d'un Militaire françois : que ce soit aussi la vôtre! Recouvrant votre Roi, votre Patrie; et je dirois presque votre Religion, votre Dieu, renfermez désormais toute votre philosophie dans ces deux mots : *Dieu et le Roi.* Quelle plus noble expression de vos sentimens, quelle plus belle devise!

Laissez, laissez ses tristes maximes et sa sécheresse à la froide et dédaigneuse incrédulité. Elle nous a révélé ses mystères; elle s'est manifestée par ses œuvres; elle nous a appris comment elle fait vivre et comment elle fait mourir. C'en est assez, la cause est jugée.

O Dieu! qui par un subit et merveilleux retour de vos anciennes miséricordes, avez rendu à votre Eglise éplorée le vénérable Chef de ses Pontifes, à la France en deuil l'auguste Héritier de son infortuné Monarque, à tant de Peuples opprimés leurs Maîtres légitimes; ô Dieu! qui nous avez fait voir que les portes de l'Enfer ne prévaloient point contre la pierre fondamentale de votre Eglise, faites que, jusqu'à la fin des temps, le Trône de Saint Louis participe à la stabilité de cette pierre inébranlable qui est aussi son plus ferme soutien.

Vos autels, ô mon Dieu! vos autels! *altaria tua Domine virtutum!* vos autels et le Trône de notre Roi, plutôt mourir que de les voir jamais en butte à de nouveaux outrages!

Les Guerriers qui m'écoutent le jurent, et nous le jurons tous avec eux, à la face de vos Tabernacles trois fois saints, oui, jusqu'à notre dernier soupir, et au prix de tous les sacrifices, nous serons fidèles, fidèles à la foi de nos pères, fidèles à notre Roi. *Vivit Dominus exercituum.... vivat Rex.*

A BEAUVAIS,
De l'Imprimerie de Desjardins, Imprimeur de M.gr l'Evêque.